미국, 중국과 함께

일본을 공격하다

유겸노 지음

가나북스

미국, 중국과 함께
일본을 공격하다

저자의 말

일본은 2차 대전 중 한국, 중국 등 아시아 제국은 물론 미국에까지 공격하고, 그 나라 국민들에게 참을 수 없는 수모와 고통 그리고 살상을 자행하였다.

무라야마 전 총리는 과거 침략과 식민 지배를 반성, 사죄한다고 했고, 고노는 위안부의 강제성을 인정하고 반성한다고 했다.

그러나 아베는 이들의 담화를 부인 내지는 수정하겠다고 나섰고, 평화 헌법에 정면 배치되는 집단적 자위권을 중의원에서 불법으로 통과시켰다.

미국, 중국과 함께 일본을 공격하다

미츠비시 회사는 2차 대전 중 강제 동원된 징용자들에 대하여 해괴망측한 보상 방안을 내놓았다. 즉 중국에는 사죄와 보상을 하겠다고 했고, 한국이나 기타 국가에 대하여는 말 한 마디가 없었다.

강한 자에 대하여는 약하고, 약한 자에 대하여는 강한 그 비겁한 이중성을 그대로 드러내 보인 것이다.

일본 정부도 마찬가지다. 2015년 초 아베는 미국 상·하 의원이 모인 의사당에서 일본의 진주만 공격에 대하여는 사과한다고 했다. 왜 나머지 국가에 대하여는 말 한 마디 없는가? 잘못이 없단 말인가? 그 비겁

함이 극에 달한 연설이다.

일본의 극우 세력은 혐한 시위를 주도하면서 한국
인을 일본에서 나가라고 외치고 있다. 세계에 이런 변
이 있을 수 있는가? 양심이 한 치라도 있다면 제 나라
에 강제 징용되어 살게 된 그 들에게 사죄하는 마음을
갖지는 못한 망정 나가라니 이런 자들이 과연 선진국
이라는 일본의 국민이란 말인가?

하늘은 결코 무심치 않았다. 후쿠시마에서 지진과
해일이 일어났을 때, 혹자는 중국 난징 대학살을 주도
한 일본군의 대부분이 후쿠시마 출신이었다고 말하고
있다.

과거 역사를 부인하고 반성하지 않는 국민은 결코 다리를 뻗고 편안하게 잘 수 없을 것이다. 이미 심판과 재앙은 시작되었다. 여기저기 화산이 폭발하고 지진이 일본을 흔들어 대고 있다. "반성하라. 회개하라." 외치면서 말이다.

그래도 정신 차리지 못하는 일본을 탄핵하기 위해 저자는 이 소설을 쓰고 있다.

1. 암호명 「맨하튼 계획」

　1939년 아인슈타인 박사는 루즈벨트 대통령을 백악관에서 만났다. 이 만남은 아인슈타인 박사의 요청으로 이루어진 것이다.

　"대통령 각하, 우리가 서둘러 원자탄을 만들어야하겠습니다. 주위의 유럽 망명 물리학자들도 한결같이 나치 독일에 선수를 빼앗길 염려가 있으니 우리가먼저 원자탄을 제조해야 한다고 주장하고 있습니다.각하, 각하의 생각은 어떠하십니까?"
　"나는 전혀 감이 잡히질 않습니다. 어떻게 해야 할지……."
　"각하, 저희들에게 맡기면 모든 것은 일사천리로

잘 진행될 것입니다. 맨하튼 계획을 가동시키고 저희
가 원하는 대로 지원만 해주시면 됩니다."

"알겠습니다. 좀 생각할 여유를 주십시오."

루즈벨트 대통령은 며칠간의 숙고 끝에 맨하튼 계
획을 승인했다. 1941년 12월 테네시 주 오크리지에는
해괴한 방이 붙었다. 주민 약 1,000여명이 사는 천벽
을 쳐도 모를 이 깊은 계곡에 무슨 벽보가 붙었을까?

"앞으로 3개월 이내에 여기를 떠나 주시기 바랍니
다. 이사 비용과 집값은 어디 가서나 잘 살 수 있도록
충분히 보상해 드릴 것입니다."

주민들은 갑자기 붙은 방에 어쩔 줄을 몰랐다. 이
지역의 좌장격인 윌리암스는 자기 차에 확성기를 달
고 돌아다녔다.

"여러분 여기에 붙은 방은 보셨지요? 아마도 정부
에서 이 골짜기에 무엇을 세우기 위해 소개시키는 것
같습니다. 이 문제를 논하기 위해 이틀 후 10시에 레
미놀 광장에 모여 주십시오. 부탁합니다."

미국, 중국과 함께 일본을 공격하다

오크리지에는 주민 약 1,000여명이 살고 있었는데 700여명의 주민이 모여들었다. 이 때 윌리암스가 연단 위에 올라가 말했다.

"여러분 방을 보셨지요. 이 일을 어떻게 해야 할지 논의하기 위해 여러분을 오시라 한 것입니다. 좋은 의견을 부탁드립니다."

이 때 제임스 씨가 올라와 마이크를 잡았다.

"보상을 넉넉히 해준다니 떠나는 것이 어떻겠습니까? 떠나지 않겠다고 해도 우리는 정부를 이길 수 없을 것입니다."

"아닙니다. 사유재산에 대해 어떻게 정부가 강제로 이주를 명할 수 있겠습니까? 못 간다고 하면 어떻게 하겠습니까?" 존슨 씨의 반문이었다.

"그러나 우리는 이것을 알아야 합니다. 정부는 공익상 필요하다면 언제든지 수용할 수 있는 권한이 있다는 것입니다. 이왕에 끝까지 버티지 못할 바에는 일찍 보상을 받고 떠나는 것이 좋을 듯합니다." 제임스 씨의 제의였다. 더 이상 다른 얘기는 없었다. 이때였다. 메리 할머니가 손을 들었다.

"이왕에 이사를 갈 바에는 우리 모두가 한 동리로 이사를 했으면 좋겠습니다."

"그것은 우리가 원한다면 그렇게 해줄 것입니다."

의견은 둘로 갈라진 상태였다. 윌리암스는 다수결로 결정하겠다고 마음을 굳혔다.

윌리암스가 다시 마이크를 잡았다.

"여러분 이대로 한없이 토론만 할 수 없습니다. 다수결로 결정하면 어떻겠습니까?"

아쉬움이 있었는지 언뜻 대답이 나오질 않았다. 물좋고 공기 좋은 이곳을 떠나기 싫은 눈치가 역력했다. 윌리암스는 다시 물었다.

"여러분, 다수결로 결정하면 어떻겠습니까? 결정은 빠를수록 좋습니다."

그제서야 '그렇게 합시다'하고 대답했다.

"자, 그럼 이사에 찬성하시는 분 손들어 주십시오."

700여 명의 참석자 중 500여 명이 손을 들었다. 나머지는 물어보나 마나였다.

"자, 우리는 보상을 받고 이사하는 데 찬성했습니다. 여러분 박수로 화답해주시기 바랍니다."

우뢰와 같은 박수가 터져 나왔다. 이 결과가 정부에 전달되자 맨하튼 계획은 일사천리로 진행되었다. 이들이 나간 집에는 엔지니어와 정부 관리가 대신 들어왔다.

이 계획에는 영국과 캐나다도 극비리에 참여했으며 2억 달러가 소요되는 폭탄 3개가 제조되었다.

1945년 7월 16일 뉴멕시코 아라마고다 사막에서 TNT 2만톤(20KT) 플루토늄 원자탄이 버섯구름을 피우며 폭발되었다. 대성공이었다. 이때는 전쟁이 막바지에 이른 시점이었다. 일본은 진주만을 공격했고 각 전선은 치열에 치열, 극에 극을 달하며 치닫고 있었다. 가미가제에 의해 미 군함도 공격을 받는 상황이었다. 미국은 더 이상 참을 수 없었다. 하나는 리틀 보이(Little Boy)로 명명되었으며 하나는 팻 맨(Fat Man)으로 명명되었다. 리틀 보이는 농축 우라늄이었고 팻 맨은 플루토늄탄이었다.

이제는 정부의 명령만이 남아 있었다. 루즈벨트 대

통령은 2개의 원폭 투하를 승인했다. 하나는 히로시마에 하나는 나가사키에 투하한다는 것이었다. 에놀라 게이 B-29는 드디어 1945. 8. 6. 리틀 보이를 싣고 남태평양 마리아나 제도 티니안 기지를 출발했다. 히로시마 상공에 도착한 에놀라 게이는 토마스 피어비 소령에 의해 원폭 투하 버튼이 눌려졌다. 43초 만에 버섯 구름이 피어올랐다. 이 원폭으로 14만 명이 사망했다. 이 놀라운 사실에도 일본 정부는 항복하지 않았다. 도조 히데키 총리는 황제 폐하가 있는 어전을 찾았다.

"천황 폐하 히로시마에 해괴한 폭탄이 투하되어 엄청난 사상자가 발생했습니다. 죽을죄를 졌습니다. 저를 벌하여 주옵소서."

"아니오. 아니오. 끝까지 저항합시다. 힘을 내세요."

도조는 뒷걸음치며 물러 나왔다. 그러고 나서 3일 뒤 미국 정부는 일본 정부로부터 항복 선언이 없자 1945. 8. 9 제 2탄 투하를 명했다. 또 하나의 B-29는 팻 맨을 싣고 나가사키로 향했다. 피어비 소령은 다시 투하 버튼을 눌렀다. 7만 명에 달하는 사람이 눈 깜짝

할 사이에 없어졌다. 총 46만 명의 사상자가 발생한 것이다. 도조는 다시 어전을 찾아갔다.

"천황 폐하, 다시 나가사키에 원폭이 투하되었습니다. 몇 만 명이 순식간에 사라졌습니다. 이 일을 어찌하면 좋겠습니까? 저 놈들이 끝내는 폐하께서 살고 계시는 여기 황궁에도 원자폭탄을 투하할지 모르겠습니다. 폐하 더 이상의 인명 손상을 막기 위해 항복을 선언할까 하옵니다. 폐하 소신을 죽여주옵소서."

히로히토 천황은 하늘만 쳐다보았다. 무언가를 비는 모습이었다.

"총리, 항복을 선언합시다. 더 이상의 희생은 안 됩니다. 무모한 전쟁이었습니다. 저들은 저런 엄청난 무기를 가지고 있었는데……."

드디어 1945년 8월 15일 12시 천황의 목소리가 방송을 통해 흘러나왔다. 항복을 선언한다는 것이었다. 방방곡곡에서 함성이 터져 나왔다. 일장기는 찢어지고 일본인들을 짐을 싸기가 바빴다.

드디어 세계 2차 대전이 종식되었다. 그러나 일본은 재건되고 제 2의 경제 강국이 되자 끊임없이 원폭

15

투하 대원들을 찾아다니며 후회가 없는지 집요하게 묻고 다녔다. 왜?

닛케이의 민완 기자는 어느 날 티베즈 기장(대령)을 찾아왔다.

"저는 닛케이 신문의 하지모토 기자입니다. 대령께서는 당시 에놀라 게이의 기장으로서 원폭 투하의 총책임자이신데 46만 명의 사상자가 난 것에 대하여 알고 계시겠지요?"

"네. 확실한 숫자는 잘 모르겠습니다만 상당한 사상자가 있는 것으로 알고 있습니다."

"그렇다면 그것에 대해 후회나 참회 같은 것은 없는지요?"

"군은 명령을 받으면 수행하는 것이 임무요, 후회 같은 것은 없습니다. 내가 죽을 때까지는 그런 얘기는 나오지 않을 것입니다."

그러자 기자는 자리에서 일어났다. 며칠 후 판커크 중위로부터 전화가 걸려 왔다.

"대령님, 일본의 무슨 닛케인가 무언가하는 기자가 찾아와 원폭 투하에 대한 후회 같은 것은 없느냐고 물었어요. 해서 더 이상의 인명 피해를 막기 위해서는 불가피한 선택이었다고 했습니다. 만약 전쟁이 계속되어 동경에 원폭이 투하되었더라면 어떻게 되었을까요? 하고 반문했습니다. 그랬더니 대답이 궁했는지 일어서고 말았습니다. 이상한 놈들입니다. 몇 십 년이 흘렀는데 무슨 이유로 그걸 묻고 다니는지, 살기 괜찮은 모양이지요?"

"아 그래요? 나한테도 기자가 찾아왔었어요. 나도 마찬가지의 대답을 했지요. 이상한 놈들이야……. 이 놈들 하고 다니는 걸 보면 한 번 더 얻어맞아야 정신 차릴지 모르겠어요."

2014년 12월 93세로 비행단의 마지막 생존자 판커크 중위(항법사)가 사망함으로써 무언가 심리적 보상이나 악용의 소지를 만들려는 그들의 생각은 물거품이 되고 말았다.

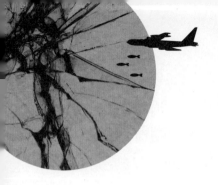

2. 중국의 디야오위다오 점령

중국은 2016년 3월 스텔스 전투기 젠 20을 실전배치하고 디야오위다오 주변 경비를 강화했다. 어느 날 이 지역을 훈련 비행하던 젠 20이 큰 굉음을 내면서 폭발하는 참사가 발생했다. 이 사건 보고를 받은 쓰 주석은 크게 당황했다. 쓰 주석은 군 수뇌부를 소집하고 원인 규명에 철저를 기할 것을 당부하고 외부에는 모든 일을 일체 함구할 것을 지시했다.

"여러분 젠 20은 우리의 자랑이요 영공방위의 초석입니다. 이 젠이 알 수 없는 원인으로 폭발한 것은 큰 충격이 아닐 수 없습니다. 모든 조사가 끝날 때까지 일체 비밀이 보장되어야 하고 외부에 누설돼서는 안 됩니다. 여러분의 협조를 부탁드립니다."

이 뒤 국방부는 정보요원들과 함께 젠 20의 잔해 수색에 나섰다. 몇 개월이 지나도록 밝혀진 것은 하나도 없고 다만 폭발 당시 일본의 F-2기가 주변을 비행했다는 사실을 밝혀냈다. 몇 편의 잔해를 수거했지만 어디에서도 외부 공격의 흔적은 찾을 수가 없었다.

그렇게 몇 개월이 지나고 있었는데 외교부에 어느 날 주중미대사관으로부터 긴급 연락이 왔다. 외교부장을 만나자는 것이었다. 외교부장은 미 대사를 밀실로 안내했다. 무슨 긴한 얘기가 있음을 직감했다. 미 대사가 먼저 입을 열었다.

"미국 정부는 지난 번 북한에 억류되었던 케네스 배와 찰스의 석방에 대해 크게 감사하고 있습니다. 그 호의에 보답하는 뜻에서 정보를 하나 드리겠습니다."
외교부장은 벌렸던 다리를 오므리며 긴장 속에 미 대사의 얼굴을 쳐다보았다.

"젠 20이 폭발하던 날 그 옆을 초계 비행하던 F-2 일본 전투기의 로켓 하나가 없어졌다는 사실입니다. 통상적으로 4문의 로켓포를 장착하고 있는데 하나가 보이지 않는다는 사실입니다. 참고하시기 바랍니다."

"우리도 일본의 F-2 전투기에 대하여 의심을 하고 있었으나 결정적 증거가 없어 말을 못하고 있는 실정입니다. 여하간 감사합니다. 이 은혜는 잊지 않을 것입니다."

즉시 중국의 정보원들은 일본의 F-2 발진 기지인 이와쿠니 주변으로 모여 들었다. 이 사실을 확인해 보기 위한 것이었다. 그런데 어느 날 이 지역 신문의 한 구석에 "F-2 로켓 1문 분실"이라는 제하의 기사가 실렸다. 정보원들은 이 기사의 보도원을 찾아 실제로 F-2에 로켓 1문이 없어졌다는 사실을 확인하고, 그것이 분실이 아닌 발사에 의한 것임을 확인했다. 이 사실을 보고받는 쓰 주석은 즉석에서 디야오위다오 점령 계획을 수립하라고 국방부에 지시했다.

주관부서인 국방부는 골칫덩어리를 안게 되었다.

어디서, 어떻게 시작해야 할지 머리가 멍멍했다. 우선 공군의 엄호 하에 구축함이 상륙정을 호위하여 1개 사단 병력을 상륙시키고 오성홍기를 세워놓는다는 작전이었다. 동시에 1개 연대를 섬에 상주시킨다는 전략이었다. 작전 개시일 D-1에 젠 20이 일본 F-2에 의해 폭파되었다는 것을 밝히고 기습작전을 펴 섬을 점령한다는 것이었다. 물론 그 뒤의 일본의 대응에 따라 제 2의 조치도 취한다는 것이었다.

드디어 2016년 8월 중국의 외교부는 내외신 기자들을 불러놓고 지난 번 스텔스 젠 20의 피폭은 일본의 F-2에 의한 공격이라고 단언하고 그에 따른 증거를 제시했다. 당시 초계비행을 하던 F-2의 로켓이 3문 밖에 남지 않았다는 사진도 공개했다. 기자실은 드디어 올 것이 왔구나, 큰 일이 생겼구만 하는 탄식들이 흘러나왔다. 외교부는 이것으로 끝나지 않고 디야오위다오를 점령하겠다는 뜻을 분명히 했다.

디야오위다오(일본명 센카쿠)는 원래 청나라 소유였으나 일본이 청일전쟁의 승리로 자기네 소유로 했다. 그러나 2차 대전에서 일본이 패하자 다시 중국 땅으로 되돌아가야 한다는 것이다. 일본은 항복 문서 어디에도 그 섬을 돌려준다는 문구를 찾아볼 수 없다고 주장하고 있는 분쟁의 섬이었다. 이 지역이 이와 같이 분쟁 지역으로 중국과 일본이 서로 권리를 주장함에는 이 지역에 엄청난 석유와 가스가 매장되었기 때문이다.

중국은 발표 3시간 후에 즉시 작전에 들어갔고 일본은 방공통제구역에 중국 전투기가 들어오자 즉시 정부에 이 사실을 알렸다. 일본 정부는 갑자기 난리가 났다. 아부 총리는 즉시 비상안보회의를 소집하고 대책을 논의했다. 우선 일본 정예 전함 이지스 3척을 앞세우고 그 뒤에 구축함과 최정예 전투기 F-35를 발진시킨다는 것이었다. 만약 섬의 점령이 사실이라면 이유 불문하고 일전을 불사한다는 것이었다.

방위상은 이 사실을 미 7함대 사령관에게 알리고 지원을 요청해야만 했다. 그런데 이게 웬일인가? 연락이 되질 않았다. 주번 사령은 이 긴급한 사실을 사령관에게 전하려 했으나 전화기를 내려놓은 채 대답이 없었다. 이 사실을 중국 정부로부터 사전에 통보받은 사령관은 지연작전을 쓰고 있었던 것이다.

"아니, 이 중차대한 시기에 연락이 되지 않으니 어떻게 하겠다는 거야? 일미 방위 조약이고 무어고 간에 별 무 소용이 없게 되었구만……." 혼자서 중얼거리던 하네 나오키 방위상은 이 문제를 뒤로 남겨놓고 우선 출전 명령을 내렸다. 정확한 작전 계획을 읽고 난 중국은 그에 대응하는 작전 계획을 다시 짜고 만반의 준비를 했다. 다음날 아침에야 방위상은 미 7함대 사령관과 통화를 하고 질책 아닌 질책을 퍼부었다.

"지금 센카쿠에서 전쟁이 벌어졌는데 사령관은 연락이 안 되고 어찌된 일입니까?"

"아아……. 미안합니다. 어제 태평양 사령관이 오질 않았습니까? 해서 술을 한 잔 했지요. 너무 걱정 마십시오. 곧 우리도 항모 한 척을 출동시키겠습니다."

"즉시 출진시켜주십시오. 이게 보통 문제가 아닙니다."

"네. 알았습니다."

일본은 정예 전투기 F-35 2개 편대와 이지스함 2척, 구축함 3척, 공중급여기 1대를 즉시 현지 급파했고 미 7함 소속 워싱턴함 한 척이 뒤따랐다. 일본 정부는 만약 저들이 센카쿠를 점령했다면 이유 불문하고 섬을 공격하고 공중전도 불사한다는 결연한 각오였다. 몇 시간의 비행 끝에 F-35는 이미 센카쿠가 점령되었음을 확인하고 본부에 연락과 동시 점령군을 공격했다. 중국의 저항도 대단했다. 공중전이 벌어진 것이다. 미 7함대와 이지스는 아직도 몇 시간이 더 있어야 현지에 도착할 것이다.

그러는 사이 일본의 F-35 편대는 공중전에서 두 대의 젠 20을 격추시켰으나 F-35는 정신이 없었다. 공중전 하랴 점령군 공격하랴 대공포도 피하랴 좌충우돌하는 사이 일본 편대는 전부 궤멸되고 말았다.

공중과 바다는 조용해 졌다. 미 7함대와 이지스함이 현장에 도착했으나 싸울 상대가 보이질 않았다. 간간이 중국 전투기가 보였으나 중국 전투기들은 전혀 공격 자세를 취하지 않았다. 센카쿠 제도에는 찢어진

오성홍기만 펄럭이고 있었다. 미 워싱턴 항모 함장은
일본 방위상에게 전화를 걸었다.

"장관, 싸울 상대가 보이질 않습니다. 어떻게 해야
할까요? 몇 시간 지켜보다 철수할까 합니다. 센카쿠
제도에는 사람은 보이질 않고 찢어진 오성홍기만 펄럭
이고 있습니다. 사건은 종료된 것 같습니다."

"지금 무슨 얘기를 하고 있는 거요? 우리 F-35 편
대가 박살이 났습니다. 어떻게 그냥 올 수가 있습니
까? 중국의 전투기가 보이면 그거라도 무조건 공격하
세요."

"이제는 중국의 전투기도 보이질 않습니다. 돌아가
야 되겠습니다."

"돌아오든 말든 마음대로 하세요. 일·미 방위 조약
이 무슨 소용이 있어야지……."

"왜 우리가 무얼 잘못한 게 있습니까? 왜 갑자기 방
위 조약을 들먹입니까? 이만 철수하겠습니다."

그 얘기와 함께 함장은 철수를 명했다. 그러자 일본
의 이지스함들도 선수를 돌렸다. 군대가 돌아오지 이

부 총리는 긴급 안보회의를 다시 소집했다.

"이번의 전투는 중국의 기습 작전에 우리가 패했다고 생각됩니다. 2대의 젠 20을 추락시켰으나 우리는 6대의 최정예 F-35를 잃었습니다. 수백 명의 상륙 병력을 소탕했고 오성홍기를 불태우기는 했지만 아직도 오성홍기는 센카쿠에서 펄럭이고 있습니다. 언젠가는 오성홍기를 뽑아내고 욱일승천기를 갖다 걸어야 할 것입니다."

방위상의 말이 떨어지자마자 아부 총리가 바로 말을 이어받았다.

"이번 전투에서 우리가 느낀 것은 미지근한 미 7함대의 역할입니다. 출동 지연이 고의인지 아닌지는 모르지만 고의적 지연작전이라면 이는 심각한 무제가 아니올시다. 좀 더 지켜봐야 알 수 있겠지만 이런 형태의 일·미 방위 조약은 있으나 마나한 조약이 되고 말 것입니다. 이런 일은 지난 번 한국에서도 있었습니다. 천안함이 피침당하고 연평도가 포격을 당했지만 미국은 어떠한 조치도 취하지 않았습니다. 한·미 방위 조약에 따르면 대한민국 영토가 피침당하면 공동으로 대응, 방어하고 적을 공격한다고 되어있는데 그 때도 미국은 어떤 조치도 취하지 않았습니다."

"그래요? 그런 일이 있었습니까? 그런데도 미국은 뒤에서 강 건너 불 보듯 했습니다."

아부 총리는 방위상에게 명했다.

"장관, 언젠가는 저 오성홍기를 뽑아 버리고 우리의 욱일승천기를 그 자리에 꽂아 놓으세요."

이것으로 디야오위다오 전투는 종결되고 말았다. 이 사건이 있은 후 일본 정계와 언론은 일본 전투기의 성능에 대해 비판 여론이 비등했고 미국의 미온적 태도에 대한 불만의 목소리가 흘러나오기 시작했다.

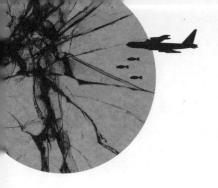

3. 브레이크 없는 아부 총리의 독주

2015년 12월 14일에 치러진 제 2기 총선은 국민의
무관심, 야당의 무능과 언론의 입 닫기로 일관된 가장
추한 선거였다. 아부 총리의 독주 체제가 굳어만 갔다.
총 의석 475석 가운데 자민당이 291석, 민주당 73석,
유신당 41석, 공명당 35석, 기타 군소정당 35석으로
자민당과 공명당이 합치면 3분지 2석인 317석을 훨씬
넘게 되었다. 집단적 자위권이 국민의 지지를 받은 것
으로 해석한 아부 정부는 독주에 독주를 거듭했다. 과
거 역사의 부정은 물론 헌법 9조의 개정, 고노 및 무라
야마 발언의 수정 등 철없는 강아지 같이 날뛰었지만
이를 막을 자는 아무도 없었다.

특히 평화 헌법 9조의 개정을 공언하고 나섰다. 잠시 평화 헌법 9조를 보면 다음과 같다.

1항 : 전쟁 또는 무력에 의한 위협과 무력행사를 국제 분쟁의 해결 수단으로 영구히 포기한다.

2항 : 육·해·공군과 그 외의 전력을 보유하지 않고 교전권도 인정하지 않는다.

평화 헌법을 수정하기 위해서는 중의원과 참의원 3분지 2의 찬성이 있어야 하고 국민 투표에 붙여 과반수 찬성을 얻어야 한다. 아부 총리는 지금 중의원 의석은 충분하다고 보지만 국민 투표 문제에 대해서는 자신이 없어 숨고르기를 해야만 했다. 다른 엉뚱한 생각도 머리에 떠올렸다.

일본의 움직임에 대하여 경계를 늦추지 않고 있던 한국의 송 외교장관은 급거 미국을 방문하여 케리 장관을 만나려 했으나 케리는 칭병하고 장관은 만나 주지 않았다. 안보 특별 보자관인 라이스가 대신 외교장관을 맞이했다.

"라이스 보좌관, 일본이 자의적으로 헌법을 해석하여 군대를 보유한다고 하는데 이에 대한 미국의 입장은 무엇입니까?"

"평화 헌법이 너무 오래되지 않았습니까? 이제는 변화하는 세계에 적응해야 한다고 생각합니다. 자기네가 그렇게 하겠다고 하는데 누가 막겠습니까?"

"평화 헌법은 그렇다 치고 위안부 문제나 역사 왜곡, 부정 등에 대해서는 미국도 책임이 크다 할 것입니다. 진주만 공격이 엄연한 사실인데 그런 일 없었다고 한다면 미국은 어떻게 할 것입니까? 일본이 이웃들과 우호적으로 살아갈 수 있게 왜 유도를 하지 못합니까? 중국은 지금 일본 포위 훈련을 하고 있습니다. 이러다간 세계대전이 일어날지도……."

순간 라이스는 창문을 쳐다보았다. 먹구름이 비를 몰고 오는 것이 보였다. 장관은 계속했다.

"중국의 이러한 행동은 일본이 함부로 재무장을 하지 못하도록 엄포를 놓는 것 아닙니까? 그 훈련은 분명 일본 봉쇄 훈련이었습니다. 그리고 러시아는 영토

분쟁 섬인 이투루프 섬에 활주로를 건설했습니다. 독도에 무엇 하나만 설치해도 난리를 치는 일본이 왜 분쟁 섬에 활주로 건설을 묵인했을까요? 일본이 양다리를 걸치는 게 아닙니까? 잘 생각해 보십시오. 미국이 일본을 이런 식으로 내버렸다간 부메랑이 되어 돌아올 것입니다."

"중국이 일본을 봉쇄했다고 하는 증거라도 있습니까?"

"중국 북해 함대 소속 5척은 2014. 12. 4 남부 오스미 해협을 지나 서태평양으로 진출했고, 이어 항로를 북쪽으로 돌려 일본 열도를 타고 오호츠크해까지 북상한 뒤 12월 25일에는 러시아 사할린과 일본 홋카이도 사이에 있는 소야 해협을 통해 러시아 앞 바다로 항해했습니다. 또한 이와 비슷한 시기에 중국 동해 함대 소속 전함 6척은 일본 오키나와 인근 미야코 해협을 거쳐 태평양으로 나갔습니다. 중국 주력인 북해, 동해 함대와 함께 일본의 북쪽과 남쪽을 포위하는 훈련을 처음으로 한 것입니다. 그리고 요즈음은 자주 이런 일이 일어나고 있다는 것인데 이는 아마도 해저 지도를 숙지하기 위한 것이 아닌가 생각됩니다."

이에 라이스는 한동안 아무 말이 없었다. 일본이 구매하겠다고 한 천문학적 숫자의 신무기의 생각을 해본 것이다. 상륙 작전용 함정, 수직 이착륙 수송기인 오스프리, 강습 양륙함 마킨아일랜드, 수륙 양용 장갑차, 엑스밴드 레이더, 이지스함, 조기 경보 통제기(AWACS), 글로벌호크, 요격용 미사일 등. 사실 일본이 사겠다고 한 이 무기들은 방어용이 아니라 공격용 무기였다. 라이스 보좌관은 갑자기 송 장관을 쳐다보았다. 그리고 물었다.

"이번 방미 목적이 무엇입니까?"

장관은 당황했다. 금방 자세를 바로잡고 대답했다.

"일본을 설득하여 이웃 나라들과 선린 관계를 유지하면서 잘 지내게 할 수 있는 방법이 없겠느냐 해서 찾아온 것입니다."

"내 장관 취지는 충분히 이해하겠습니다."

그리고는 시계를 쳐다보았다. 장관은 일어섰다.

그렇다고 바로 돌아올 수는 없었다. 무언가 미국으로부터 다짐이나 긍정적 대답을 받아보고 싶었던 것이다.

케리 국무장관이 나타나기만을 기다리고 있었는데 마침 다음날 출근한다는 소식을 접했다. 이번에는 피하지 못하겠지 하면서 주미 대사관을 통해 면담을 주선토록 했다. 드디어 다음날 11시에 약속이 됐다.

"케리 장관, 안녕하십니까?"

"네. 몸이 좀 좋지 않아서 그렇게 되었습니다. 미안합니다. 헌데 그 동안 라이스 특보를 만났다면서요?"

"네, 맞습니다."

"라이스 생각이나 내 생각이나 별 반 차이가 없습니다. 우리의 생각도 일본이 이웃 나라들과 잘 지냈으면 하는데 이래라 저래라 할 수도 없고……."

"우리는 과거 36년 동안 식민 통치를 받은 나라입니다. 저들은 무슨 짓을 할지 모릅니다. 미국도 자기가 기른 호랑이에게 물릴지 모릅니다."

"아니, 그게 무슨 말씀입니까?"

"과거에도 그런 일들이 종종 있었기에 참고로 말씀드린 것입니다. 오해하지 마십시오."

"솔직히 말씀드려 중국이 저렇게 커진 경제력으로 군비를 확장하고 있으니, 일본이 아시아의 안보에 보템이 되도록 또 중국을 견제하는데 역할을 할 수 있도록 어느 선까지는 좀 놓아두고 볼 생각입니다."

"그 점은 우리도 이해합니다. 그러나 저 자들의 심중을 잘 헤아려야할 것입니다. 아주 독한 사람들이니까요……. 일본이 평화 헌법을 그대로 유지하고 이웃나라들과 잘 지낸다면 중국도 저렇게 군비를 확장하지는 않을 것입니다."

"참고하겠습니다. 그런데 송 장관, 내 무엇 하나 묻겠습니다."

"말씀하시지요."

"6.25전쟁 때 누가 한국을 지켜주었으며, 누구 때문에 한국이 통일을 이루지 못했습니까?"

"그거야 미국과 유엔이 지켜주었고, 중공군 때문에 통일이 되지 못했지요."

"그런데 요즈음 한국이 지나치게 중국 쪽으로 기울고 있어요. THAD 문제도 그렇고, TPP도 그렇고, 차세대 전투기도 구라파 것을 사주었습니다. 지금 당장 북한이 다시 쳐들어온다면 누가 한국을 방어해줄까요? 중국이요, 아니면 미국입니까? 한국 정신 채려야 합니다. 분명 한국은 잘못 가고 있어요. 할 얘기가

또 있습니다만, 오늘은 그만 두겠습니다. 그만 일어나
시지요."

그 말과 함께 케리는 자리에서 일어섰다.

"알았습니다. 노력해보지요."

그렇게 케리와의 회담은 끝이 났다.

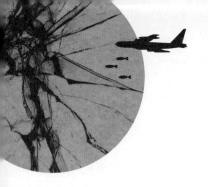

4. 프리드만 박사 세계를 놀라게 하다

국제 정치 분석가이자 미래 예측 학자인 프리드만 박사는 예를 들어 홀므스 해협 석유 수송로를 지금은 미국이 맡고 있으나, 만약 일본이 수송로 보호를 위해 공격적으로 변할 경우 일본을 견제하기 위해서는 중국의 힘을 이용하고 중국을 감싸 안아야 한다고 주장했다.

현재는 한·미·일 삼국 동맹으로 중국을 견제한다는 것이 미국의 기본 구상이다. 그런데 일본을 견제하기 위해서 중국을 감싸 안아야 한다는 것이니 이는 엄청난 이설이 아닐 수 없다. 이 가설은 미국이 일본을 통제할 수 없는 상태가 도래한다는 것을 전제로 한 것이다. 각국은 대단치 않은 노 박사의 주장이라고 치부하면서도 미국의 싱크탱크인 브루킹 및 헤리티지 재단, 아시아의 모든 안보·정보기관 등은 숨 가쁘게 이를 검토하기 시작했다. 특히 프리드만 박사의 적중률은 80%에 육박하기 때문이다.

특히 브루킹 재단은 긴급회의를 개최하고 프리드만 박사의 가설에 대해 각자 느낀 바를 마음대로 말하라고 문을 열어놓았다.

제임스 수석 연구원이 입을 열었다.

"앞으로 일본은 헌법 9조를 수정하고 정식 군대를 보유하고 로카쇼무라 핵 재처리 시설이 완성되면, 핵무기를 개발할 것이고 이후에는 미사일까지 개발할 것입니다. 베이징은 불과 1,500km, 모스크바는 6,000km, 미국은 서부가 10,000km에 달합니다. 몇 km에 달하는 장거리 미사일을 개발하는지 주의 깊게 살펴보아야 할 것입니다.

특히 우리가 걱정하는 것은 일본 전쟁 기념관 어디에도 전범이라는 말은 찾을 수 없고 히로시마와 나가

사키 원폭 투하 이후 일본 언론이 민완 기자를 시켜 투하대원들을 찾아가 후회하지 않느냐고 물은 것에 대하여 무언가 이상한 느낌을 갖지 않을 수가 없습니다. 우리가 호랑이 새끼를 키우고 있는 것이 아닌가 생각해 봐야할 것입니다."

그 말에 연구원들은 고개를 숙이고 감히 토를 달 생각을 하지 않았다. 그러나 곧 조지 연구원이 반격했다.

"제임스 연구원의 생각은 좀 앞서가는 듯합니다. 우리는 미·일 안보 조약을 가지고 있으며, 미국의 힘을 빌려 자국의 방위를 도모코자 하는 것이 일본의 속셈인데, 그런 엄청난 비용과 위험을 무릅쓰고 무기를 생산하리라고는 생각할 수 없으며, 그런 일들이 자기네 뜻대로만은 되지 않을 것입니다."

"문제는 그 안보 조약을 언제 내동댕이치느냐가 문제입니다. 나는 그런 날이 머지않아 올 것이라고 믿습니다."

제임스 연구원의 반격이었다.

의장은 그 정도만 듣고 일본과 미국의 추이를 지켜
보자고 했다. 한편 이에 뒤질세라 헤리티지 재단도 회
의를 소집했다. 찰스 선임 연구원이 먼저 마이크를 잡
았다.

"일본은 미국의 의사를 존중하지 않고 여러 군데서
미국의 비위를 거스르는 행동을 하고 있어요. 우리가
수없이 경고했지만 듣지 않고 세계가 다 아는 강제 위
안부 문제를 부정하고 있습니다. 어디 그뿐입니까? 고
노 담화의 수정, 무라야마 담화의 왜곡 등 일본의 양
심 세력은 물론 세계의 역사학자들의 분노를 사고 있
습니다. 이런 것만 보아도 일본은 독자의 길을 가려하
고 있고 여태껏 도와준 미국이나 이웃 나라들에 대하
여 등을 돌리고 「나는 나대로」갈 길을 갈지 모른다는
것입니다.

이러다가 여기에서 끝나지 않고 언제 미국에 총부
리를 겨눌지도 모를 일입니다. 그렇다면 우리는 일본
을 견제하기 위해 중국과 공조해야 할 날이 올지도 모
릅니다. 프리드만 박사의 가설 중에는 이러한 깊은 뜻

이 내포되어 있다고 봐야 합니다. 중국의 핵에 대비하여 일본은 로카쇼무라 단지에 핵 재처리 시설을 지금 건설 중인데 과연 적절한 조치였는지 재검토해봐야 할 것입니다."

이에 대하여 휘태커 연구원이 반기를 들었다.

"그러나 미국의 입장으로서는 중국의 군비 증강에 대항하기 위하여 일본의 재무장을 어느 정도 용인한 것 아니겠습니까? 프리드만 박사의 주장은 하나의 가설에 불과하고 현실과는 너무나 먼 얘기라 생각됩니다."

이사장은 오늘은 이 정도로 끝내고 차후 다시 자리를 한 번 더 만들겠다고 약속했다. 그런데 이 두 연구소에서 발언한 내용들이 언론에 누설되었고, 내용은 미국이 집안에 호랑이를 키우고 있다는 것이었다. 미국의 유수 신문들은 이 논의의 진원지를 알아보기 위하여 혈안이 되었다. 이에 일본 신문들도 "우리는 호랑이가 될 수 없다. 호랑이가 크면 미국은 호랑이가 힘을 쓰지 못하게 만들 것이다."라고 논평했다.

미국, 중국과 함께 일본을 공격하다

이 호랑이 문제는 미국과 일본 사이를 미묘하게 흔
들어 놓고 말았다.

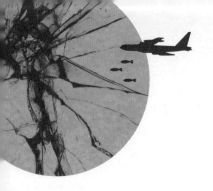

5. 재앙의 씨앗 호주 브리스번 회의

우바마 대통령과 일본의 아부 총리가 호주 브리스번에서 만났다.

"아부 총리; 오래만입니다."

"네. 그렇습니다."

"총선으로 자리를 굳힌 총리께서는 고노 담화의 수정은 물론 무라야마 담화(1995년 8월 15일 침략 전쟁 사죄)까지도 수정한다는 얘기가 들리는데 그게 사실입니까?"

"그럴 리가 있습니까? 와전된 것이겠지요."

"고노 담화의 수정은 한국과의 문제에 있어 핵심적인 분쟁 사안이고 무라야마 담화 수정은 일본의 2차 대전 침략을 부정한다는 얘기가 돼서 진주만 공격도 없었던 일로 하자는 것 아닙니까? 삼척 동자도 다 아는 사실을 아니라고 한다면 손바닥으로 하늘을 가리는 일 아닙니까? 독일 좀 보세요, 희생자들에게 얼마나 사죄했습니까? 또한 나치 전범을 끝까지 추적하여 처벌함으로써 희생자들의 넋에 보답하고 있지 않습니까? 왜 같은 일을 해놓고 두 나라가 정반대의 길을 가고 있습니까?"

아부는 아무 대답이 없었다. 그리고는 뜬금없이 "각자 생각이 다른 거지요."라고 말했다. 여기에서 우바마 대통령은 열이 솟구쳤다.

"한국과는 언제까지 이런 식으로 갈 겁니까? 한일 관계가 이 모양이 돼서 우리의 대 아시아 중시 정책(pivot to asia)이 지장을 초래하고 있다 이겁니다. 세계가 다 알고 있고 인정하고 있는 위안부 문제를 얼버무리고 적당히 한일 정상 회담을 해보려고 하는데 천만의 말씀입니다. 한국의 박 대통령은 원칙을 중시하고 고집이 센 여성으로 알고 있습니다. 절대 그런 식으로는 양국 관계가 해결될 수 없을 것입니다. 한국에는 어떤 얘기도 할 수 없어요. 모든 것은 일본의 책임입니다. 지켜볼 것입니다."

우바마는 일어서면서 "양다리 걸치는 외교(러시아를 염두에 둠)하지 마세요."라고 말했다. 두 사람은 악수도 하지 않았다. 그 뒤 아부가 한 것은 한·일 의원 연맹 몇 사람을 한국에 보내 친서를 주고, 한국의 반응을 보는 것 외에는 한 일이 없었다.

또한 일본의 극우 세력은 미국 역사학자 16인이 과거 인식 부정에 항의하는 성명을 발표하자 역사학자들을 극렬히 비난하고 일본 내 양심 세력을 매국노로 몰아 세웠다. 이에 격분한 양심 세력들은 일제히 전국적으로 아부의 역사 인식과 극우 세력이 일본을 위험한 길로 인도하고 있다고 맹비난했다. 이는 적지 않은 파장을 일으켰다.

재무상인 아사 다로는 "우익 세력이 좀 지나친 것 같소이다. 양심 세력이 아직까지는 조용히 있었지만 이렇게 큰 반향을 일으킬 줄은 몰랐습니다. 이들이 세력화되거나 민주당이 이 세력을 이용하게 된다면 보통 문제가 아닙니다." 라고 한탄했다. 아부 총리는 "정치는 항상 그런 것입니다. 놓아두면 조용해질 것이고 조용해지면 옆구리를 찌르면 됩니다. 기다려 보세요."라고 했다. "그래요? 그럴 듯합니다." 아사 다로의 응수였다.

호주에서 돌아온 아부 총리는 여러 가지로 골치가 아팠다. 우바마 대통령의 마지막 말 "양다리 걸치는 외교"가 자꾸 머리에 떠올랐다. 이것은 분명 북해 4개 섬에 러시아가 활주로를 건설한 것에 대하여 일본이 아무런 이의 제기가 없었던 것을 의미한 것으로 판단했다. 그 당시에는 어쩔 수 없는 상황이었다. 안된다고 한들 들어줄 푸틴이 아니었기 때문이다.

또한 역사학자들이 들고 나온 것은 심상치 않았다. 아직까지는 아부 자신이 하면 모두 조용히 따라줄 줄만 알았는데 일부 양심 세력이 들고 나왔기 때문이다. 이것은 정녕 잔잔한 호수 위에 돌을 던진 것이나 다름없었다. 아부는 잠이 오질 않았다. 언제 옆구리를 찌를까 하는 생각만 하고 있었다.

바로 다시 총선을 실시한다는 생각이 머리를 스쳤
다. 시기를 언제로 잡느냐가 문제였다.

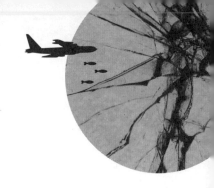

6. 우바마의 망신스런 일본 방문

지난 번 브리스번에서의 회담 이후 우바마 대통령은 일본이 어떻게 움직이고 있는지 궁금했다. 그렇다고 곧바로 일본을 방문하기에는 좀 어색하여 한국을 방문한 뒤에 일본을 방문한다고 발표했다.

한국에서의 큰 이슈는 역시 THAAD(고고도방어체계) 배치 문제였다. 20㎞ 이내의 저고도 방위는 이제 북한이 장거리 미사일을 준비하고 있는 상황에서는 무용지물이 되고 말았기 때문이다.

우바마는 박 대통령을 청와대에서 만났다.
"우바마 대통령, 안녕하십니까? 오랜만입니다."

"네. 오랜만입니다. 한국과 우리는 수십 년간 동맹을 유지해 오고 있습니다. 그것이 이 지역의 안전은 물론 향후에도 지역 안전에 크게 기여하리라 믿습니다."

"물론이지요. 그 점에 있어서는 하등의 이의가 없습니다."

"박 대통령님, 단도직입적으로 묻겠습니다. 왜 한국의 THAAD의 배치 문제를 아직도 결정하지 못하고 있습니까? 중국 때문입니까? 물론 중국은 THAAD가 자기네를 견제하는 것이라고 주장할 것입니다. 그것은 잘못된 생각입니다. 어디까지나 한국 정부의 결정에 달려있습니다. 지난 번 바이든 부통령이 방문하여 미국과 중국 어디에 베팅하겠느냐고 물은 적이 있으셨지요? 한국 정부는 신중히 생각하여야할 것입니다."

"그 점에 대해서는 너무 걱정 마십시오. 시기를 저울질하고 있을 뿐입니다. 그리고 우리는 분명 미국 측에 걸고 있습니다."

"시기는 빠를수록 좋습니다."

"그런데 이번 일본 방문은 무슨 특별한 용무라도 있으신지요?"

"아니오. 아닙니다. 특별한 건 없구요. 일본이 잘 돼 가고 있는지 좀 살펴보려고 합니다."

"지난 번 브리스번 회의 내용이 기사화되면서 일본 내 우익 세력이 대통령에 대하여 아주 좋지 않은 감정을 갖고 있는 모양인데 조심하셔야 될 것입니다. 그럼 안녕히 다녀가십시오."

우바마 대통령이 하네다 공항에 도착해서부터 연도에는 수많은 인파가 성조기와 일장기를 들고 나와 대통령을 환영했다. 곧바로 대통령은 황궁 옆 오테마치 제국 호텔에 여장을 풀었다. 여장을 풀고 샤워를 하고 있는데 경호 책임자로부터 다급한 전언이 왔다. 오늘밤 자정에 우익 세력들이 침입하여 난동을 부릴 것이라는 것이었다. 대통령은 농구 선수로 변장하고 농구공을 들고 경호원과 함께 호텔 뒷문으로 빠져나왔다. 호텔 직원들은 "야. 그 농구 선수 키가 엄청 크네. 누구지?"하고 수군거렸다. 뒷문으로 빠져나오자 검은 세단 두 대가 대기하고 있었다. 중국 대사관 차였다.

"각하, 급히 이 차에 오르십시오. 중국 대사관저로

모시겠습니다."

우바마는 어이가 없었다. 정부 차원의 것이 아니고 민간인들의 행패라고 하니 어찌할 도리가 없었다. 언뜻 한국의 박 대통령의 충고가 머리를 스쳤다.

경호원과 함께 차에 오르자마자 차는 달려 중국 대사관저로 쏜살같이 들어갔다. 나머지 경호원들은 대통령이 호텔 3층에 있는 것으로 알고 그대로 경호하고 있었다. 다만 차석 경호담당에게는 대통령이 잠시 시내 구경을 나갈 것이라고 미리 귀띔해주었다. 대통령은 잠이 오질 않았다. 밤 12시에 무슨 일이 일어나는지 지켜보아야만 했다. 자정이 되자 호텔 근처에서 총성이 울리고 함성이 들려왔다. 우익 세력과 경찰 사이에 공방이 벌어진 것이다. 대통령은 급거 귀국을 결정하고 경호원 몇 명과 함께 하네다 공항으로 빠져나갔다. 비행기는 바로 이륙하여 워싱턴으로 기수를 향했다. 대통령은 혼잣말로 중얼거렸다.

"이제 일본은 우리의 우방이 아니구나……."

일본 정부는 그 날 가담했던 극우 세력 전원을 체포하고 심문을 시작했다. 극우 세력들은 대통령에게 위해를 가할 의사는 전혀 없었고 우바마에게 브리스번 회의에 대하여 해명을 받고자 했다고 했다. 대부분 훈방 조치하고 핵심 간부 몇 사람을 그대로 억류했다. 다음은 우바마의 행방이었다. 그러나 하네다 공항 관제탑은 에어포스원이 이미 이륙했다고 보고했다.

일본 정부는 난감해했다. 미국은 주일 미 대사를 소환했고 양국의 관계는 최악의 상태로 치닫고 있었다. 일본은 그림자처럼 따라 다니던 우익 세력이 그런 일을 저질렀으니 변명도 무엇도 할 수 없게 되었다. 시간만이 약이었다.

대통령은 워싱턴에 도착 즉시 안보담당관들을 소집했다. 여기에는 안보 담당 보좌관과 정보 기관장들이 모두 모였다. 대통령이 직접 이번 일을 설명했다.

"일본은 더 이상 우리의 우방이라 할 수 없게 되었습니다. 중국 정부의 도움이 없었다면 어떤 봉변을 당했을지 알 수 없습니다. 아니 잘못했으면 참살당했을지도 모를 일입니다. 일본 정부는 민간단체의 소행이지 정부가 개입한 것은 아니라고 주장하고 있습니다만 우익 세력이 일본 정부요, 일본 정부가 우익 세력입니다. 구분키 어려운 상황이지요."

이 얘기를 들은 보좌관들은 입을 딱 벌리고 말문을 열지 못했다. 라이스 보좌관이 말문을 열었다.

"일본인들이 과거 역사를 부정하고 천하가 다 아는 위안부 강제 동원을 부인하는 것을 보면 보통 사람들이 아닙니다. 지금 한국 관계도 정상화 되지 않아 우리의 아주정책에 큰 지장을 초래하고 있습니다. 이제 판을 다시 짜야할 때가 되었다고 봅니다. 러시아하고는 양다리를 걸치고 있고 대북한 제재 문제도 마이 웨이를 걷고 있고 우리 의사와 반하는 일이 한두 가지가 아닙니다."

이때 국토 정보 국장이 말을 받았다.

"판을 새로 짜야한다는 말이 무엇인지는 모르겠지만 이건 보통 문제가 아니올시다. 우리의 모든 정책이 한·미·일 삼국체제로써 중국을 견제하고 필요시에는 그 체제로써 중국과 전쟁은 한다는 것인데 이 개념의 붕괴는 우리 정책의 붕괴나 마찬가지입니다. 신중에 신중을 기해야 합니다."

다시 CIA 국장이 이어받았다.

"중국은 우리와 가까이 하고자하는 신호를 여러 방면에서 보내고 있습니다. 지난번 북한 인질 석방 때에도 중국의 협조가 컸습니다. 물론 김정은을 사법 재판소로 끌고 가지 않겠다는 단서가 있었지만 말입니다.

그리고 이번의 중대한 정보도 우리 첩보에 의하면 극우 세력의 조직 부장의 애인이 중국 보안 당국에 매수되어 나온 것으로 알고 있습니다."

"예. 그렇지 않고서는 그 중요한 정보가 나올 수가 없었겠지요. 여하간 중국에는 감사할 일입니다."

"자, 여러분의 얘기를 대부분 다 들어봤습니다. 나는 이번 사건을 계기로 일본이 우리의 우방이란 것에 회의를 갖게 되었습니다. 라이스 안보 얘기대로 새 판을 준비해야 될 것 같습니다. 라이스 보좌관은 극비리에 새 판을 준비해 주시기 바라고 국무부는 사람을 보내 미·일 원자력 협정에 의해 일본이 핵연료 재처리 시설을 현재 진행하고 있는데 이 공사를 중단해주기 바란다고 협의를 해보십시오. 만약 일본이 우리의 얘기를 듣는다면 다행이겠지만 그렇지 못한다면 이는 분명 우리의 길과 다른 길로(즉 독자적) 가겠다는 의사이니 그 때는 모든 것을 새로 시작해야할 것입니다.”

우바마 대통령은 단호했다. 회의는 그렇게 끝이 났고 미국은 주일 대사를 다시 부임시키고 특사 파견을 계획하고 있었다.

이 해 말에 미국은 대통령 선거가 있었다. 민주당의 날라리 후보와 공화당의 부시 후보의 대결이 있었는데 근소한 차이로 날라리 후보가 당선되었다. 당선된 대통령은 우바마 대통령의 정책과 구상을 그대로 인계받았고, 날라리 대통령은 더욱더 강경대일 자세를 취했다. 드디어 미국 특사는 외상을 만나기 위해 하네다공항에 도착했다. 일본은 차관이 공항에 영접을 나왔고 미국 특사는 국무부 동북아 담당 국장이었다. 다음 날 그들은 일본 외무성에서 만났다.

“국장님, 오시느라 수고가 많았습니다. 우선 지난번 우익 세력들의 난동으로 큰 실수를 한 점에 진심으로 사과드리고 재발 방지에 최선을 다하겠습니다.”

“그건 지난 일입니다. 그 정도로 그 얘기는 덮어둡시다. 오늘은 특별히 협의할 사항이 있어서 왔습니다.”

그 말에 외무성 장관은 움찔하는 듯 했다.

“무슨 말씀인지 해보시지요.”

“지금 건설 중인 핵 재처리 시설 공사를 중단했으면 합니다. 북한에 대해서는 비핵을 주장하면서 제 3국에 재처리 시설을 허용한다는 것이 앞뒤가 맞지 않아 이를 재정립하기 위해서입니다.”

“이미 협의 하에 건설 중인 핵 재처리 시설을 중단한다면 모든 것을 처음부터 다시 시작해야 되는데 말이 되겠습니까?”

“여하간 우리 정부는 중단을 결정했고 이를 귀국에 전하러 온 것입니다. 중단해 주셨으면 합니다. 그래야만 모든 것이 정상화될 것 같습니다.”

“정 그러시다면 이건 상부에 보고하고 답을 드려야 할 사항 같습니다.”

“좋습니다. 내가 3일간 더 체류할 것입니다. 그때까지는 답을 주시기 바랍니다.”

특사는 일어나 대사관으로 돌아갔다.

총리는 보고를 받자마자 올 것이 왔구나 생각하고

급히 각료 회의와 안보 회의를 동시에 열었다. 아부는 이 회의에서 "이번 우익 단체의 망동으로 일을 크게 그르쳐 미국 정부로부터 핵연료 재처리 시설 공사를 중단했으면 좋겠다는 통보를 받았습니다. 이 점에 대해서 여러분의 기탄없는 의견을 듣고자 합니다."

청천벽력과 같은 미국 정부의 통보에 각료나 안보 담당관들은 넋을 잃고 말았다. 한동안 침묵이 흘렀다.

드디어 아사 다로가 입을 열었다.

"올 것이 왔습니다. 지난번 센카쿠 전쟁 때부터 이미 틈이 벌어졌고 그 틈 사이를 기묘하게 중국이 파고들었습니다. 이제 미국은 더 이상 우방이 아닙니다. 독자적 길을 걸어야 될 것 같습니다. 방위 조약도 던져버리고 IAEA도 탈퇴하고 우리도 핵폭탄을 만들어 당당하게 나갑시다. 오히려 잘됐습니다. 전쟁이 끝난 지 70년이 지났습니다. 일본은 다시 일어섰습니다. 돈이 없습니까? 기술이 없습니까? 무엇 때문에 우리가 미국의 틀 안에서 지시를 받고 살아야 합니까? 그것 때문에 우익 세력도 저렇게 나온 것 아닙니까? 우리도 우리의 길을 가야될 것 같습니다."

"미국이 우방이 아니라면 우리의 우방은 어디에 있습니까? 러시아입니까 북한입니까? 이 승냥이 같은 자들이 우리의 우방이란 말입니까? 이번 일은 우리의 잘못이 크기 때문에 미국의 뜻을 잘 받아들이고 향후 잘 설득해서 좋게 나가야될 것 같습니다."

국방상의 말이었다. 그는 계속했다.

"여태껏 미국의 핵우산 아래서 성장했고 이만큼이라도 발전했는데 하루아침에 등을 돌린다는 것은 사리에 맞지 않고 잘못하면 우리에게 커다란 재앙이 올지도 모릅니다."

대체로 의견은 반반으로 나뉘어졌다. 결정할 수 없는 난감한 처지에 놓였다. 참석자들은 총리의 결정에 따르기로 하고 회의를 끝냈다.

아부 총리는 잠이 오질 않았다.

"일본은 핵폭탄 수천 개를 보유하고 미사일을 갖춘다면 국방 면에서는 누구한테도 꿀릴 것이 없는데 경제적 정치적으로는 많은 압박이 올 것이다."

이러지도 저러지도 못하는 진퇴양난의 어려움에 봉착한 것이다. 이부는 감낀 깜이 들었디. 일본을 세율

때도 보였다고 하는 해신(海神)이 꿈에 나타났다.

"일본은 독자적으로 살아가야 한다."

이 말을 남기고 어디론지 사라졌다.

아부는 잠을 깨면서 두 주먹을 불끈 쥐었다. 헌법 9조도 고치고 군대도 해외에 파견해야 되는데 미국으로부터 간섭받는다는 소리가 듣기 싫었다. 다음날 외상을 불렀다.

"어차피 엎질러진 물입니다. 핵 재처리 시설 공사 중단은 불가하다고 전하시오."

장관은 발걸음이 떨어지지 않았다. 이 말은 어쩌면 미국과 결별 선언이 될 수 있기 때문이었다. 다음날 장관은 특사를 불렀다.

"국장 오래 기다렸습니다. 대단히 죄송하오나 정부는 건설 중단을 할 수 없다는 결론을 내렸습니다."

"알았습니다."

특사는 악수를 교환하고 그만 자리에서 일어섰다.

특사가 이 사실을 보고하자 날라리 대통령은,

"이제는 독자적 길을 걷겠다는 것이구만. 어쩔 수 없이 우리도 이제 대비해야 되겠어요."

대통령은 안보 회의를 다시 소집했다. 특사는 그 자리에서 그간의 경위를 설명했다.

"일본은 독자적 길을 가겠다는 것이 분명합니다. 따라 우리도 이에 대비해야할 것입니다."

대통령은 회의가 아니라 지시 수준에 머물렀다.

"미 7함대는 한국 제주도에 건설 중인 해군 기지로, 요코스카 공군은 오산 비행장으로 기타 해병은 괌으로 옮길 준비를 하세요. 언론에 누설되지 않도록 조심해야 합니다. 아, 그리고 일본 해병대 병력을 한 1,000명 정도를 중국 하이난 섬에 이동하는 문제를 중국 측과 협의하세요."

이 조치는 일본과는 그간의 관계를 끊고 중국과는 새로운 관계를 설정하겠다는 엄청난 조치였다. 이러한 사실이 소리 없이 될 수가 없는 일이었다. 이런 사실들이 언론에 대서특필되었다. "미국, 일본을 버리다."였다. 이에 대해 미국 정부는 부인도 확인도 하지 않았다.

일본은 난리가 났다. 아부 내가은 벽에 부딪혔다.

이렇게 짧은 시간에 이런 변화가 올 줄은 몰랐다. 아부는 다시 승부수를 던졌다. 총선을 선언한 것이다. 이 난국을 헤쳐 나갈 방법은 이것밖에 없다고 생각한 것이다. (어쩌면 물러나기 위한 술책인지도 모를 일이다.)

선거는 자민당의 패배가 분명했다. 국민들도 자민당에 정권을 맡겼다가는 일본의 앞날이 절망이라는 절박한 심정에서 제 2당을 선호하기 시작했다. 선거 결과는 자민당이 과반이 안 되는 234석, 민주당이 3분지 1을 훨씬 넘는 154석, 공명당과 유신당이 97석을 차지했다. 아부는 선거 결과에 불만을 표시하고 총리직을 사퇴했다.

이 바턴을 받은 사람은 아사 다로 전 총리였다. 아부는 자기의 심중을 누구보다도 잘 아는 사람이라고 믿었다. 아사 다로는 공명당과 협조하여 내각을 구성했다. 아사 다로는 제일 급한 것이 미국과의 관계 개선을 해야 하는 것이라고 생각했다. 미국에 사절단을 보내 우익 단체의 망동을 사죄하고자 했다.

또 한 가지 궁금한 것은 어떻게 해서 극우 단체의 행동이 중국의 정보원에게 제보되었느냐는 것이었다.

아사 다로는 사절단을 준비하면서 한편으로는 극우 단체 간부들의 일거수일투족을 철저히 추적하기 시작했다. 다른 간부들은 별 이상이 없었으나 조직 부장이 애인이 있다는 사실에 착안하고 조직 부장의 행적을 캐기 시작했다. 일이 있기 바로 전의 일이었다.

애인 하나코는 하도야마 부장에게 전화를 걸었다.

"하도야마 상, 요즈음은 나를 피하는 거요? 아니면 바빠서 그럽니까?"

"아아, 피하기는 왜 내가 피하겠어요? 좀 바빠서 그렇지……."

"거두절미하고 내일 저녁에 하사마루 식당에서 좀 만나 얼굴이라도 좀 봅시다."

"좋아요. 그런데 저녁만 먹는 걸로 사전 양해를 구합니다."

"양해고 뭐고 좀 만납시다."

둘이는 하사마루 식당에서 만나 오랜만이라 와인을 두 병이나 마셨다. 하나코는 취하지 않았고 하도야마는 상당히 취해 있었다. 하나코는 하도야마의 바짓가랑이를 잡아 당겼다. 그것은 하룻밤을 보내고 싶었던 것이었다. 하도야마는 완강히 거절했다.

"내가 사전에 식사만 한다고 했는데 왜 이래. 오늘은 안 돼. 중요한 회의가 있어……. 안 돼."

"뭐 대단한 일이라고 나를 오랜만에 이렇게 박절하게 대하는 거야?"

"아냐, 오늘은 안 돼. 미국에서 큰 손님이 왔잖아. 봉변을 좀 주어야 돼. 아니 잘못하면 저 세상으로……."

"왜 그런 큰일을 저지르려고 해? 뒷감당을 어떻게 하려고……. 그게 언젠데?"

"오늘밤 자정이지……. 아, 이놈의 주둥이 좀 보게. 쓸데없는 소리를 지껄였구만. 다 쓸데없는 소리야. 다 거짓말이라고."

이미 정보는 그 여자에게 넘어갔으나 하나코는 못 이기는 척하고 하도야마를 놓아주었다. 하나코는 인사도 잊지 않았다.

"내 오늘밤은 놓아 주지만 다음에는 용서 없어요. 알았지?"

그 인사와 함께 하나코는 즉시 중국 대사관으로 들어갔고, 다시 나와 미 7함대가 있는 요코스카 기지로 탈출했다.

정부는 조직부장의 애인이 문제의 여자라고 보고 백방으로 행방을 추적했으나 도저히 찾을 수가 없었다. 하도야마를 독방에 구속하고 그간 정황 조사와 함께 다카소네를 단장으로 한 사절단을 미국에 파견했다. 아부는 사실 이런 일들이 못마땅했으나 아사 다로는 개의치 않고 독자적으로 밀고 나갔다. 10여명에 달하는 사절단은 주미 대사관에서 커피를 마시면서 대책을 논의했다. 다카소네가 전 총리인 만큼 케리 국무장관을 만나 그간의 사정을 애기하고 사죄한 다음 대통령을 만나 용서를 빈다는 것이었다. 특히 우익 세력은 정부의 뜻과는 전혀 다른 민간 조직임을 강조하기로 했다.

사절단은 다음 날 케리 국무장관을 만나 우익 단체의 황망한 행동으로 양국 관계가 이렇게 되었다고 사죄했다. 케리는 자기와의 만남이 마지막이 될 것을 예단하고 사죄를 받아들이겠다고 했다. 다카소네는 핵재처리 시설 공사를 그 전대로 진행시킬 수 없겠느냐고 물었으나 "그것은 이미 결론이 난 게 아닙니까?"하고 케리는 단호하게 거절했다. 그리고 대통령은 만나기 어려울 것이라고 했다. 이렇게 사절단은 수기의 목적을 달성하지 못하고 귀국해야만 했다.

이 사실을 보고받은 아사 다로는 난감해 했다. 아사 다로는 다시 각료 및 안보 회의를 열었다. 그리고 그간의 일들을 보고하고 향후 대책을 물었다. 아무도 관계가 정상화되리라고 믿는 사람은 없었다. 저 밑에서 국방상이 일어섰다.

"이제는 방법이 없을 듯싶습니다. 재처리 시설을 중지한다는 것은 모든 면에서 미국의 통제 하에 들어간다는 것을 의미하니 자주 독립 국가로서의 면모가 일거에 무너지는 것을 보는 것 같습니다. 제 생각으로는 우리는 우리대로 갈 길을 가면서 미국이 어떻게 나오는지 보기로 하면 어떨까요?"

"아주 좋은 생각입니다. 더 이상 굴하지 말고 기다려 보기로 하시지요."

저쪽에서는 다른 말이 나왔다.

"재처리 시설을 중단하면 어떻게 한다는 것입니까? 그것은 바로 핵무기 제조를 용인하지 못하겠다는 것 아닙니까? 용인은 바로 자기의 가슴에 총부리를 겨누는 격으로 해석된다는 것이지요. 만약 그렇게 해석이 된다면 우리의 모든 계획은 수포로 돌아가지 않겠습니까? 참 어려운 문제올시다. 신중에 신중을 기해야 될 것 같습니다."

아사 다로가 일어섰다.
"이 문제는 앞서 국방상의 말대로 우리 길을 굳건히 걸어가면서 미국의 추이를 보도록 하면 어떻겠습니까? 다들 좋은 방법 즉 양자를 충족시킬 수 있는 방법도 연구해보도록 하십니다. 우리의 명운이 걸린 문제올시다."

회의는 그렇게 끝났다. 아사 다로는 혼자서 중얼거렸다.
"이놈의 극우 세력 때문에 잘못하면 나라가 거덜 나겠어……."

그리고 돌아서서 경시청장에 지시했다.
"극우 세력을 철저히 감시하고 무슨 일이 생기면 무조건 체포하도록 하세요. 저희 마음대로 놀고 있단 말이야……."

이런 일이 있은 지 2개월 후 미군은 사세보에 있던 미 해병대를 괌으로 옮기기 시작했다. 그래도 미련이 있어 3분의 1만을 이동시키고 재처리 시설 공사 중단을 고대하고 있었다.

바로 이 틈을 이용해 왕이 중국의 외교부장이 미국을 방문했다. 왕이 부장은 케리 장관을 만났다. 우선 케리는 지난번 우바마 일본 방문 때 중국의 협조에 대해 감사를 전했다.

왕이 부장은 "참, 기회가 좋았습니다. 만약 그 여자의 제보가 없었더라면 대통령께서 어떤 봉변을 당했을지 모르지요."

"그래서 감사하다는 말씀을 드리는 거 아닙니까? 그런데 왕 부장께서는 무슨 일로 이렇게 먼 길을?"

"세계가 놀랄 만한 제안을 하러온 것입니다."

그러자 케리는 그렇지 않아도 큰 눈이 왕방울처럼 커졌다.

"도대체 그게 무슨 제안인데요?"

"미국과 우리는 여태껏 한 번도 우호에 반하는 일을 하지 않았습니다. 특히 최근에는 더욱 관계가 긴밀해지고 있다고나 할까요? 따라 이 기회에 상호 불가침 협약이라도 하나 맺어두면 어떻겠습니까?"

"상호 불가침 협약(MEMO)요?"

"그렇습니다."

"갑자기 이런 제안을 받으니 어안이 벙벙합니다. 귀국의 쓰 주석도 이에 동의하셨단 말씀인가요?"

"물론입니다. 그분의 동의 없이 내가 여기 왔겠습니까?"

"이 문제는 나만 알 일이 아닙니다. 대통령께 보고하고 논의해 보겠습니다."

케리가 대통령에게 이 사실을 보고하자 대통령은 안보 측에서 가장 신임하는 라이스 보좌관을 불렀다. 대통령은 케리에게 물었다.

"중국이 일본의 핵무기 제조만을 방해하기 위해 우리와 손잡고 뒤에 다시 돌아서면 어떻게 하지요?"

"그래서 협약은 불가침뿐만 아니라 군사적·정치적 협조도 포함되어야 합니다. 그렇게 되면 중국은 빼지도 박지도 못하고 우리와 같이 행동해야 될 것입니다."

라이스의 제안이었다.

"그럼 협약 문안에 양국은 모든 문제에 있어, 특히 군사적·정치적으로도 상호 협조한다는 문구를 협약에 넣도록 하세요. 그러면 중국은 꼼짝없이 동맹국 아닌 우리 동맹국이 되지 않겠소?"

대통령은 한 발 앞서갔다.
"아주 좋은 생각이십니다. 그러나 이런 중대사를 아무 생각도 없이 여기서 결정한다는 것은 너무나 조급하고, 무슨 하자가 있을지 모르니 내일 다시 만나기로 하시지요."
케리의 제동이었다.

세 사람은 집으로 돌아가 여러 가지로 가정해 보았지만 중국이 미국을 이용해 먹으리라고는 생각되지 않았다. 전자의 문구만 삽입한다면 MEMO 형식으로 해놓아도 중국이 도망갈 수 없다고 생각되어다. 미국은 일본이 저렇게 나오기 때문에 다른 동맹국이 필요했고, 중국은 그렇게 해서 즉, 미국의 힘을 빌려 2차 대전의 빚을 갚으려고 생각했던 것이다.

미국, 중국과 함께 일본을 공격하다

세 사람은 다시 백악관에서 만났다.

"중국이 우리 편에 돌아선다면 미국, 중국, 한국이 한 대열에 서고 러시아, 일본, 북한이 다른 대열에 설 가능성이 있습니다. 이 경우 힘의 균형은 대충 맞아 들어갈지는 몰라도 경제적으로는 비교가 되지 않을 것입니다."

"그럼 일본에 팔려고 했던 몇 십 조에 달하는 무기 판매는 어떻게 하지요?"

"중국과 한국 쪽으로 방향을 바꿔야 되겠지요."

"그럼 국무장관은 즉시 외교부장을 불러 극비리에 우리의 뜻을 전하고 중국만 동의한다면 우리는 즉시 서명할 의사가 있다고 전하십시오."

케리는 다음날 그런 조건을 넣어 MEMO에 서명하겠다고 했고 왕이 외교부장은 내일 오전까지는 답을 얻어 주겠다고했다.

왕이 부장이 케리를 만났다는 정보가 있자, 아사 다로는 급히 안보 회의를 소집했다.

"왕이 외교부장이 극비리에 케리 장관을 만났다하

는데 도대체 무슨 일로 만났을까요? 그것도 극비리에 말입니다. 이건 보통 문제가 아닙니다. 여러분들은 어떻게 생각하십니까?"

"미국이 우리를 멀리하고 있는 이때를 이용해 중국 외교부장이 케리 장관을 만났다면 이는 예삿일이 아닙니다. 필시 무언가 중대한 협상이 있을 듯합니다."

관방장관의 말이었다.

"나도 동감입니다. 지난번 동지나 해상에 인공섬을 만들었을 때도 미국은 엄포만 놓았지 아무런 조치도 취하지 않았습니다. 사후약방문식으로 우리와 함께 해상 훈련만 했습니다. 이런 것을 보면 분명 우익 세력의 난동으로 모든 것이 뒤틀어진 것이 분명합니다. 우리도 우리 길을 가야할 것 같습니다."

안보담당관의 말이었다.

"어떻게 가겠다는 말인가요?"

"IAEA 탈퇴를 띄워보는 게 어떨는지요?"

아사 다로 총리는 그 말이 마음에 와 닿았다.

"여러분, 안보담당관의 말대로 IAEA 탈퇴를 거론해 보는 게 어떻겠습니까?"

아사 다로의 이 말에 박수가 터져 나왔다.

며칠 뒤 외상은 주일 미 대사를 불렀다.

"케네디 대사, 대단히 죄송한 말씀이지만 우리는 IAEA 탈퇴를 고려하고 있습니다."

"외상, 갑자기 그게 무슨 말씀인가요? 우리 정부와는 정반대 방향으로 가겠다는 건가요?"

"그런 건 아니지만 진행 중인 공사를 중단하라고 하셨기 때문에 궁여지책으로 IAEA 탈퇴를 고려해 보겠다는 것입니다."

"그럼 그렇게 본국 정부에 전해도 되겠습니까?"

"그건 귀하의 자유이십니다."

"이건 양국 관계가 극과 극으로 갈 수도 있어요."

"각오하고 있습니다."

"IAEA 탈퇴는 핵폭탄을 만들겠다는 뜻이 아닙니까?"

"그럴지도 모르지요."

대사는 더 이상 일본의 의중을 알고 싶지 않았다. 미·일 관계는 이제 끝이라고 생각했다. 자리에서 일어났다.

그 사이 중국에서는 미·중 MEMO를 미국이 제안

대로 하겠다는 내용이 당도했다. 왕이 부장은 케리를 다시 만났다. 왕이는 중국 정부의 의사를 전하고 참고로 말씀드린다면서, 일본이 핵무장을 한다면 그것은 우리보다는 미국을 겨냥할지도 모른다고 했다. 케리는 다시 눈이 왕방울처럼 되면서 자리를 고쳐 앉았다. 왕이는 계속했다.

"진주만 공격을 상기하면 알게 될 것이고, 장거리 미사일을 개발하느냐에 따라 해답이 나올 것입니다. 만약 5,000㎞ 이내의 것이라면 우리가 목표가 될 것이고 10,000㎞가 넘는 미사일을 개발한다면 그것은 누구를 겨냥하는지 자명할 것입니다."

케리는 듣고만 있었다. 그러다가 물었다.

"지나친 억측이 아닙니까?"

"억측이 아닙니다. 사실이 그렇지 않습니까?"

케리는 참고하겠다고 했다. 미국과 일본의 틈이 아물기에는 너무나 큰 틈이 벌어졌고 서로의 눈치를 보면서 자기 갈 길을 걸어가고 있었다.

드디어 언론에서는 일·미 방위 조약의 무용론이 흘러나왔고 IAEA 탈퇴도 언급되었다. 서로 돌아올 수

미국, 중국과 함께 일본을 공격하다

없는 강을 건너가고 있었다.

이때를 이용해 러시아 외상이 급히 일본을 방문했다.

"까부로스키 외상 오랜만입니다."

"네, 그렇습니다. 요즈음 국제 정세가 묘하게 돌아가고 있습니다. 어떻게 돌아가는지 나도 알 수가 없어요. 그러나 분명한 것은 미국이 일본을 버리고 있다는 사실입니다. 그리고 중국과 무언가 밀약을 맺고 있는 듯합니다. 그래서 내가 여기 온 것입니다. 만약 핵우산이 필요하면 우리 러시아가 제공해 드릴 용의가 있음을 말씀드리려고요."

"앞서 무슨 밀약이라고 말씀하셨는데 좀 더 구체적으로 말씀해주시지 않겠습니까?"

"아아, 그것은 우리도 모릅니다. 무슨 밀약이 있는 것은 틀림없는데 내용은 알 수 없습니다."

"핵우산 문제에 대해서는 내가 여기서 대답할 성질이 아니고 위와 상의해야 될 문제입니다."

"물론이지요. 필요하다면 말씀해 주십시오. 우리는 일본과 우호적으로 지내기 위해 그런 것입니다."

그러고 나서 반년이 지나갔다. 핵연료 재처리 시설 공사는 완공되었다 3개월이 지나자 일본은 핵폭탄을 만들고 이를 태평양 상에서 실험한다고 선언했다. 시험은 성공적으로 끝났고 일본은 명실상부한 핵보유국이 되었다.

앞으로의 문제는 이를 운반할 수 있는 탄도미사일이다. 일본은 장거리 탄도미사일을 개발할 수 있는 기술을 보유하고 있는 국가이다. 원폭 실험 후 3개월이 지났다.

일본이 ICBM(대륙간 탄도미사일)을 개발한다는 정보가 입수되었다. 이 사실을 확인하기 위해 미국의 정보원들은 일본에 모여들었고 중국 정부에도 이 사실을 통보함과 동시 정보원 파견을 요청했다. 그러나 이미 탄도탄은 제조가 완료되어 나가사키 발사대로 운반이 끝난 상태였다. 일본은 5,000㎞ 중거리 탄도미사일이라고 위장했다. 미국에는 비상이 걸렸다. 미국은 중거리 탄도탄임을 믿지 않고 10,000㎞가 넘는 ICBM이라고 확신하고 인공위성을 총동원하여 탄착

지점을 가정하여 궤도를 추적키로 했다.

　드디어 발사대를 떠난 탄도탄은 원폭과 동일한 무게를 탄두에 장착하고 칠레 앞바다에 떨어졌다. 그 거리는 분명 12,000㎞～13,000㎞가 넘는 것이었다. 이는 캘리포니아를 넘어 네바다, 애리조나까지 갈 수 있는 거리였다.

　주일 미 대사는 바로 그 다음날 외무성을 방문했다. 외상은 칭병하고 나오질 않았다. 차관이 미 대사를 맞이했다. 미 대사는 앉자마자 차관을 노려보았다.

　"왜 귀 정부는 어제 발사된 탄도탄이 중거리 미사일이라고 거짓말을 했습니까? 우리는 떨어진 지점까지 정확히 인공위성이 읽었습니다. 누구를 공격하려는 것입니까?"

　"아아 죄송합니다. 하다 보니 그리되었습니다. 누구를 목표로 하는 것은 결코 아닙니다. 우리도 만일에 대비해 ICBM을 보유한다는 것이지 목표는 무슨 목표입니까?"

　차관은 미 대사의 질문에 놀랐다.

"어떻게 떨어진 지점을 알아냈지? 대단한 나라
야……."

마음속으로 중얼거렸다.

"그 점에 대해서는 대단히 죄송스럽게 생각합니
다."

"알았습니다."

그 사실을 확인하고 미 대사는 자리에서 일어났다.
그 후 일본은 핵무기와 탄도탄 제조에 혈안이 되었다.
미국 정부는 미 대사의 타전을 받고 왕이 부장을 다시
백악관으로 급히 초치했다.

"왕 부장, 우리는 지금 아주 중대한 시점에 서 있습
니다. 누가 선제공격을 하느냐가 문제입니다. 무엇 때
문에 원폭과 대륙간 탄도미사일을 개발했겠습니까?
미국은 물론 중국도 목표의 대상입니다. 시간이 없습
니다. 우리 두 나라를 공격하겠다는 의사와 증거는 충
분합니다. 우리가 먼저 공격해야 삽니다. 그렇지 못하
면 우리가 죽습니다."

"그렇게 절박합니까?"

왕이 부장의 걱정스런 물음이었다.

"절박하고말고요. 언제 저들이 무슨 짓을 할 지 어떻게 압니까?"

"단도직입적으로 제안하겠습니다. 로카쇼무라 핵단지와 오사카는 우리 미국이 맡겠습니다. 중국은 동경을 맡아 주십시오."

왕이 부장은 다시 겁이 났다.

"무엇을 맡는다는 겁니까?"

"죽느냐 사느냐의 기로에 서있습니다. 동경을 수소폭탄으로 공격해 주십시오. 우리도 수소폭탄을 사용할 것입니다."

왕이 부장은 가슴이 벌렁거렸다. 이번에는 국방장관이 나섰다.

"D-Day는 2019년 8월 15일 정오입니다. 우리와 중국이 동시에 공격해야 합니다. 그 말은 세 군데에 폭탄이 떨어지는 시점이 같아야 된다는 것입니다. 3일 남았습니다. 즉시 귀국하시어 우리의 의사를 쓰 주석께 전달하고 주중 우리대사관에 암호명「폭풍의 언덕」OK라고 전해주십시오."

"그런데 우리가 로카쇼무라와 오사기를 맡고 동경

을 귀국이 맡으면 안 되겠습니까?"

"두 군데를 공격하려면 B-29 2대가 발진해야 되고 대단히 큰 위험이 뒤따릅니다. 동경은 거리상으로도 그렇고 귀국이 맡는 것이 합당합니다."

왕이는 어쩔 수 없이 귀국하여 쓰 주석에게 상황을 설명하고 승인을 요청했다. 쓰 주석은 고개를 끄덕였다.

"그렇게 합의를 했다면 별 수 없지요. 시간은 언제라고 합디까?"

"2019년 8월 15일 12시가 공격 시간입니다. 공격 시간을 맞추기 위해서는 미국은 더 일찍 발진해야 되겠지요."

쓰 주석은 국방장관을 불러 만반의 대비를 하도록 지시했다. 미국은 2대의 B-29가 수폭을 탑재하고 역시 남태평양 마리아나제도 티니안 기지를 출발했다. 중국은 2대의 젠 20이 각각 수폭을 싣고 산동 반도를 출발하였다. 혹시라도 하나가 실수나 부실로 잘못되면 낭패가 되기 때문에 확실을 기하기 위해서였다.

드디어 2019년 8월 15일 12시 동경과 로카쇼무라 핵단지, 오사카에서 동시에 수소폭탄이 투하되었다. 순간 일본 열도는 버섯구름에 휩싸였고 천지를 진동하는 폭음이 울렸다. 아비규환 그 자체였다.

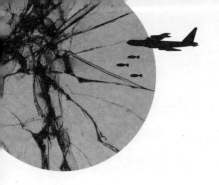

7. 일본의 항복

아사 다로는 수폭이 투하되었다는 소식에 회의를 소집할 틈도 없었다. 여기서 중지시키지 않으면 일본 열도가 초토화될 것이라 판단했다. 아사 다로는 핫라인으로 날라리 대통령을 불렀다. 1분 후에야 날라리 대통령이 나왔다.

"날라리 대통령 각하, 이게 웬일입니까? 우리 정부는 앞으로 미국 정부가 요구하는 대로 다할 것이니 제발 이 시점에서 모든 공격을 중지해 주십시오. 제발 부탁입니다."

"지금 하는 말이 진정입니까?"

"진정이고말고요."

"알겠습니다. 모든 공격을 중지시키겠습니다."

미국, 중국과 함께 일본을 공격하다

아사 다로는 "일본 우익 세력 때문에 나라가 망했구만, 망했어."

　혼자 중얼거렸다.

　"2차 대전이 끝나고 지금을 건설하는데 70년이 걸렸는데, 이제 다시 복구까지는 수세기가 걸릴 거야……."

미국, 중국과 함께
일본을 공격하다

초판발행 · 2015년 9월 15일

지 은 이 · 유겸노
펴 낸 이 · 배수현
디 자 인 · 김화현
제   작 · 송재호

펴 낸 곳 · 가나북스 www.gnbooks.co.kr
출판등록 · 제393-2009-000012호
전   화 · 031-408-8811(代)
팩   스 · 031-501-8811

ISBN 979-11-86562-11-6(03300)